A BÍBLIA EXPLICA
A Trindade

DAVID PAWSON

ANCHOR RECORDINGS

Copyright © 2019 David Pawson

A Trindade

English original:
Explaining The Trinity

Os direitos autorais referentes a este livro são assegurados a David Pawson, de acordo com a Lei de Direitos Autorais, Desenhos Industriais e Patentes de 1988 (Reino Unido).

Uma publicação da Anchor Recordings Ltd
DPTT, Synegis House, 21 Crockhamwell Road,
Woodley, Reading RG5 3LE, UK

Todos os direitos reservados.

Nenhuma parte desta publicação pode ser reproduzida ou distribuída, em qualquer forma ou por quaisquer meios, sejam eles eletrônicos ou mecânicos, incluindo fotocópias e gravações, ou por qualquer sistema de armazenamento e recuperação de informações, sem autorização prévia, por escrito, da Editora.

Para obter outros materiais de ensino de David Pawson,
inclusive DVDs e CDs, acesse
www.davidpawson.com

PARA DOWNLOADS GRATUITOS
www.davidpawson.org

Mais informações pelo e-mail
info@davidpawsonministry.com

ISBN 978-1-911173-97-7

Esta publicação baseia-se em uma palestra. Por originar-se da palavra falada, muitos leitores considerarão seu estilo um tanto diferente do meu modo costumeiro de escrever. Espero que isto não venha a depreciar a essência do ensino bíblico encontrado aqui.

Como sempre, peço ao leitor que compare tudo o que digo ou escrevo ao que se encontra registrado na Bíblia, e, caso perceba um conflito em qualquer ponto, sempre fie-se no claro ensino das Escrituras.

David Pawson

A BÍBLIA EXPLICA
A Trindade

Sumário

Parte 1	A dinâmica	7
Parte 2	A doutrina	27

Parte 1

A DINÂMICA

É possível que a doutrina da Trindade sofra mais ataques hoje do que em qualquer outro tempo. Bastam dois exemplos: o islamismo se opõe à doutrina da Trindade, sob a acusação de adorarmos três Deuses. O fato de pensarem tratar-se do Pai, do Filho e da virgem Maria é apenas um equívoco ingênuo. Eles criticam severamente os cristãos que, supostamente, creem em três Deuses. Outro grupo que, até mesmo em nome de Jesus, se opõe de forma violenta à Trindade são as Testemunhas de Jeová; já tive em mãos seu livreto, em que nos acusam de heresia por crermos que Deus é "três em um".

E não para por aí; o feminismo ataca ferozmente a doutrina tradicional da Trindade, a ponto de haver em minhas prateleiras um livro chamado *The Battle for the Trinity* [A Batalha em Defesa da Trindade], no qual Daniel Bloesch, um de meus autores favoritos, para meu espanto, aborda quase exclusivamente o feminismo e a teologia feminista, e o que resta da Trindade depois de tentarem extingui-la. A doutrina da Trindade, portanto, está sob ataque de todos os lados.

O problema é que a igreja não está em posição de defendê-la. Conheci pastores e clérigos que simplesmente não apreciam pregar no Domingo da Trindade, o domingo seguinte ao de Pentecoste. Após ler este livreto, portanto, espero que você se sinta mais forte e capacitado para defender a Trindade, pois a única real defesa contra todo esse ataque é a plena convicção de cristãos que estão aptos a falar sobre o tema e a defender "a fé uma vez por todas confiada aos santos", que é o que a Bíblia nos exorta a fazer.

Nesta primeira parte, quero falar sobre a Bíblia e como ela deu origem à doutrina da Trindade da forma como a conhecemos hoje. A segunda parte, contudo, exigirá um pouco mais de raciocínio, pois vou explicar como a doutrina desenvolveu-se nos primeiros séculos da igreja. Alguns de nossos críticos gostam de destacar que a palavra "trindade" não se encontra na Bíblia. Costumam afirmar que foi Tertuliano quem a concebeu como doutrina no século 4º d.C., sendo seu nome uma abreviação de "triunidade". Por essa razão, quero começar com a Bíblia e lhe mostrar como ela agrava consideravelmente o problema. Começo chamando logo de "problema", mas espero que, ao final desta primeira parte, você se alegre e seja grato a Deus pela Trindade, e não a considere um tema cuja defesa causa constrangimento, mas algo bem diferente das seis coisas impossíveis nas quais Alice no País das Maravilhas costumava pensar antes do café da manhã.

A Trindade não deve ser alvo de discussões, mas gostaria de apresentar argumentos em sua defesa. Vamos começar com o Antigo Testamento, que corresponde a três quartos da sua Bíblia e consiste basicamente de escrituras judaicas; se há algo que devemos ao povo judeu é o fato de crermos em um único Deus. A maioria das nações da época tinha muitos deuses (o que chamamos de "politeísmo"; *poli* = "muitos", -*teísmo* = "deuses"). Nesse mundo em que todos acreditavam em muitos deuses, surgiram os judeus, crentes em um único Deus. A partir da época de Abraão, eles creram nesse Deus único. Pensavam que conheciam o seu nome. Em hebraico, o nome de Deus é Y-H-W-H. O único problema é que o Y é pronunciado como J e o W, como V. A partir dessas 4 letras, chegou-se a "Jeová", nome ainda encontrado em alguns hinos. Até onde se sabe, contudo, a palavra hebraica é *Yahweh*, com Y e W. Tentei o máximo que pude fazer com que um judeu me ensinasse a pronúncia dessa palavra, mas eles nunca se atrevem a usar o nome de Deus em vão. Apenas pergunto: "Como você pronuncia o nome de Deus?", e eles respondem: "Ya... não, você não vai me pegar nessa...". E não passam do Y.

O monoteísmo, portanto, devemos aos judeus, e o mais próximo que eles chegaram de um credo é o versículo do capítulo 6 de Deuteronômio, que diz: "Ouça, ó Israel: O Senhor, o nosso Deus, é o único Senhor". Esse é o ponto central da fé judaica. Talvez seja o versículo mais importante e mais amplamente usado entre os judeus, e gostaria de falar um pouco sobre ele antes de seguirmos em frente. Em primeiro lugar: a palavra "Senhor" não se encontra ali. Sempre que você ler a palavra SENHOR em letras maiúsculas no Antigo Testamento, deve saber que, no original, trata-se do nome de Deus, que os judeus não ousam pronunciar: *Yahweh*. O texto, na verdade, é: "Ouça, ó Israel: Yahweh, o nosso Deus, é o único Senhor".

Também gostaria de dizer que a palavra "único" é importante, porque há duas palavras hebraicas com esse significado. Uma delas significa "singular", uma pessoa ou um objeto único; porém a outra palavra hebraica para "um" ou "único" (*echad*) significa "muitos, porém em harmonia de mente, tendo o mesmo pensamento". A palavra usada nesse versículo é *echad*. Não quer dizer que eles creem em um Deus único, singular, mas sim que creem em um Deus harmonioso. É um ponto bastante importante. A palavra "único" [*echad*] já é usada em Gênesis para duas pessoas que se tornam *uma só* carne. Ainda são duas pessoas, mas suas carnes tornaram-se uma, em harmonia. Agora não são dois indivíduos separados, mas apenas um. Passam a ser "os Pawson", ou outro nome; são um casal. O capítulo 6 de Deuteronômio, portanto, precisa ser lido com mais cuidado.

Quando você afirma que crê em um único Deus, também

está declarando crer no Deus único, singular. A ideia também se encontra em Isaías, particularmente nos últimos capítulos, quando Deus afirma repetidas vezes: "Não há outro Deus além de mim". Ele é, ao mesmo tempo, o único Deus e o Deus único, singular. Outras nações adoravam muitos deuses, mas o judaísmo adorava o Deus único. Por todo o Antigo Testamento, portanto, há pistas da pluralidade de Deus em contraste com sua singularidade, pistas essas que muitos judeus não percebem e, diante das quais, outros judeus ficam perplexos.

O que significam, então, esses indícios de pluralidade? Quando Deus fala de si mesmo, por exemplo, refere-se a si próprio como "nós". Isso acontece logo na primeira página de Gênesis, quando ele afirma: "Façamos o homem à nossa imagem". A quem ele está se dirigindo? Alguns judeus afirmam que é provável que estivesse falando com os anjos, mas não fomos criados à imagem de anjos. Outros arriscam: "Bem, o plural é o mesmo plural de majestade usado pela rainha da Inglaterra em seu discurso de Natal, quando ela prefere usar 'nós' em vez de 'eu'". Sabe por que isso acontece? Porque a rainha fala em nome de todos os monarcas que a antecederam. "Nós" significa que hoje ela é a representante de uma longa linhagem, não apenas de uma pessoa. "Nós" é uma referência às linhagens reais que constituíram a monarquia na Inglaterra. Com Deus, no entanto, isso não acontece. Deus não se expressa dessa forma por causa de sua majestade. Ele deve fazer isso porque não é apenas um. Essa construção não é usada em Gênesis 1 somente, mas também no capítulo 11, quando ele se refere à Torre de Babel dizendo: "Desçamos e confundamos a língua que falam". O pronome "nós" aparece, principalmente, no chamado de Isaías (Isaías 6): "Quem enviarei? Quem irá por *nós*?". São textos encontrados no Antigo Testamento que sugerem que, embora os judeus cressem em um único

Deus, havia indicações de que ele poderia ser mais de um. Os judeus ficam perplexos com isso.

O próximo ponto que gostaria de abordar é que a palavra hebraica traduzida por "Deus" é *Elohim*, e o aspecto intrigante é que se trata de uma palavra plural. "El" é a palavra para "único Deus". "Eloha" refere-se a dois. *Elohim*, no entanto, é a palavra que significa mais do que dois, e esse é o nome usado em todo o Antigo Testamento em referência a Deus. Mais uma vez, muitos que desconhecem a língua hebraica não se dão conta disso, e os que percebem espantam-se, mas está lá, e o resultado é uma gramática bastante estranha. O primeiro versículo de Gênesis 1 diz algo assim: "No princípio, Deuses (*Elohim*) criou". Percebe-se o erro de concordância de um substantivo plural com um verbo na terceira pessoa do singular. Isso persiste por todo o Antigo Testamento: uma palavra plural para Deus acompanhada por verbos no singular.

Analisando por uma perspectiva cristã, isso faz sentido para nós, mas não faz sentido para os judeus. Usar um substantivo plural e um verbo no singular é um erro gramatical. Desse modo, são todas essas complicações no Antigo Testamento que nos oferecem uma pista da Trindade como a conhecemos. Um dos versículos mais impressionantes é este: "O SENHOR [que é Yahweh] apareceu a Abraão... Abraão ergueu os olhos e viu três homens". Já tinha percebido? A aparição do SENHOR a Abraão, portanto, foi na forma de três homens.

Isso me remete a uma experiência extraordinária que tive como convidado da rádio Premier Christian para participar de um experimento que reuniria, em um estúdio, duas pessoas desconhecidas, diferentes como água e vinho, para que se conhecessem. Eu aceitei participar e fui apresentado ao homem que deveria conhecer: o grego Chris Lambrianou, ex-membro da Kray Brothers, uma gangue do leste de

Londres [East London]. Impossível haver duas pessoas mais antagônicas. Chris, contudo, havia encontrado Cristo e bastaram dois minutos para que sentíssemos amor fraterno um pelo outro. Foi admirável. Não poderíamos ser mais opostos: a forma como fomos criados, nossa escolaridade, tudo. Ele havia passado 15 anos na prisão, a maior parte desse tempo na solitária, e tentado o suicídio. Lá estava ele, confinado a uma cela com um estrado de ferro cimentado ao chão para que não pudesse causar qualquer dano a si mesmo. Chris, porém, estava em total desespero e alguém lhe deu uma caixa de livros. Quando viu determinado livro na caixa, pensou: "É uma Bíblia. Dizem que ela faz bem". Então decidiu dormir sobre o livro e teve a melhor noite de sono em muitos anos. Chris concluiu: "É um livro excelente e de fato nos faz muito bem". Colocou o livro no bolso e andou com ele durante um dia. Passou então a ficar cada vez mais interessado porque sua vida começou a mudar. Finalmente, Chris decidiu ler o livro, e leu sobre o Senhor.

Despertou certa madrugada e viu três homens barbados ao pé de sua cama. Chris lhes disse: "Eu sei quem vocês são: você é o Pai, você é o Filho e você é o Espírito Santo".

O homem que estava entre os outros dois instruiu: "Apenas me siga, Chris".

A partir daquele momento, ele entregou sua vida a Cristo e desde então tem se dedicado a resgatar jovens do mesmo estilo de vida que ele vivia antigamente. Os juízes no tribunal onde ele realiza esse excelente trabalho dizem aos jovens que se envolvem em problemas: "Sua sentença é viver com Chris Lambrianou por 12 meses". E ao final desses 12 meses, você pode imaginar o resultado.

Em total ignorância da Bíblia ou de qualquer coisa, Chris teve uma visão do Senhor e soube distinguir entre o Pai, o Filho e o Espírito Santo. Foi exatamente o que aconteceu a Abraão. O Senhor apareceu a Abraão e ele viu três homens.

Isso seria suficiente, mas o Antigo Testamento nos deixa com duas grandes perguntas sobre duas pessoas. A primeira delas é sobre o Messias (grego, "o Cristo"), que está presente em todo o Antigo Testamento. São muitas as referências a ele. Resta-nos, contudo, esta pergunta: "Eles estão esperando um Messias humano ou divino?". Algumas passagens sugerem que ele seja humano, outras insinuam que seja divino. Somente o Novo Testamento oferece a resposta: ambos! Os judeus, no entanto, ainda discutem se o Messias será humano como Davi ou se será divino. No livro de Daniel, temos a impressão de que ele será divino, embora seja chamado de Filho do homem. Em outros livros, ele é um grande Rei. Essa, portanto, é uma pergunta que permeia o Antigo Testamento.

A segunda pergunta é referente ao Espírito Santo. Na leitura do Antigo Testamento, não é possível determinar se o Espírito Santo é uma pessoa. Há muitas passagens que falam do Espírito de Deus como um tipo de força que emana de Deus e que pode vir sobre as pessoas. Existem também outras passagens que falam sobre entristecer o Espírito Santo. Bem, não se pode entristecer uma força; somente uma pessoa se entristece. Há, portanto, uma ambiguidade no Antigo Testamento.

Todas essas coisas de que tenho falado são do Antigo Testamento, mas consegue perceber que todas elas apontam para o Novo Testamento? O Novo Testamento oferece respostas para as perguntas e une o que estava separado no Antigo. Essa, contudo, é a preparação do Antigo Testamento para a crença na Trindade e está bem ali, exposta aos olhos que estão abertos para ver.

Voltando nossa atenção ao Novo Testamento, encontramos ali afirmações sobre a singularidade de Deus que são tão contundentes quanto as do Antigo Testamento, não há nenhuma mudança quanto a isso. Na verdade, cinco ou seis dos autores do Novo Testamento citam Deuteronômio

6.4: "Ouça, ó Israel: O SENHOR, o nosso Deus, é o único SENHOR". Esse versículo foi citado até mesmo por Jesus. Não há dúvida, portanto, de que o Deus do Novo Testamento é tão único quanto o Deus do Antigo Testamento; nenhuma novidade aqui. E embora a maioria dos autores do Novo Testamento seja de origem judaica, eles não têm constrangimento em afirmar que Deus é único. Haviam conhecido Jesus e, a princípio, não compreenderam bem quem ele era ou que tipo de pessoa era Jesus. Os Evangelhos registram fielmente sua perplexidade. Quando Jesus acalmou a tempestade, disseram: "Quem é este que até os ventos e o mar lhe obedecem?". A propósito, o que Jesus disse ao mar e ao vento não foi: "Aquietem-se! Acalmem-se!". Essa é a versão cortês moderna. O que ele disse, de fato, poderia ser traduzido por: "Quieto!", como a ordem que damos a um cão que pula sobre nós sujando nossas roupas: "Senta!". Eles perguntaram: "Que tipo de homem é esse?". E levaram dois anos e meio para descobrir.

Vamos avaliar primeiramente os chamados Evangelhos sinópticos. Sinóptico significa "ver em conjunto": *sin* = "com" e *opsis* = "ver" ou "vista". Chamamos de sinópticos os três primeiros Evangelhos porque todos eles observam Jesus sob o mesmo ângulo: suas palavras, ações, etc. Os Evangelhos sinópticos registram fielmente que, durante dois anos e meio, simplesmente ninguém conseguia entender quem era Jesus. Tudo o que ele fazia deixava as pessoas ainda mais perplexas. Simultaneamente, no entanto, ele curava pessoas, ressuscitava mortos e expulsava demônios, e os demônios sabiam quem ele era. O Novo Testamento registra vários momentos em que Jesus enfrentou um demônio que havia dominado uma pessoa, e o próprio demônio afirmou: "Sei quem tu és: o Santo de Deus!", e continuou falando. Ele tinha razão. Jesus, entretanto, dizia todas as vezes: "Cale-se". Seu desejo era que os discípulos chegassem a essa convicção por si mesmos, e não pelo testemunho dos demônios. Os demônios, na verdade, são anjos caídos e foram os primeiros a declarar quem era Jesus. Já notou isso? Jesus não queria que os demônios revelassem aos discípulos ou a qualquer pessoa quem ele era. Esperava que um deles dissesse: "Eu sei quem tu és".

Ele os levou ao meu lugar favorito em Israel. Tive experiências maravilhosas ali. Fica ao pé do monte Hermom, a grande montanha ao norte de Israel cujo topo fica coberto de neve. A neve derrete e desce por uma fenda na montanha e, quando chega à base, tem a dimensão de um grande rio. O rio parece fluir diretamente do penhasco; é um lugar extraordinário. Na Bíblia, o local chama-se Cesareia de Filipe. Como você pode imaginar, havia ali opiniões diversas a respeito de quem era Deus. Até hoje, o local tem nichos escavados na rocha, nos quais há estátuas. Uma delas era a figura do deus grego Pan. O lugar ainda é chamado de Panias, em homenagem a Pan, um deus que, segundo a mitologia popular, havia assumido a forma de homem. Em outro nicho, ficava a estátua de César, daí o nome Cesareia de Filipe; Filipe era o governador da região. César era visto por muitos como um deus. Jesus levou seus discípulos ao exato lugar onde havia uma estátua de um deus com aparência de homem e outra de um homem que era considerado deus, e ali ele lhes perguntou: "Quem sou eu?". Isso, contudo, não foi o que indagou primeiro. Sua primeira pergunta foi: "Quem *o povo* diz que eu sou?".

Os discípulos responderam [paráfrase]: "Você deve ser uma reencarnação; é um cara tão legal; e também é tão jovem, é provável que seja a reencarnação de um grande homem, talvez de um dos profetas".

Jesus lhes disse: "Mas tenho uma pergunta: 'Quem *vocês* acham que eu sou?'".

Pedro respondeu [paráfrase]: "Eu sei; você não nasceu

aqui, veio de outro lugar; você é o Filho do Deus vivo".

Jesus esperou dois anos e meio até que alguém percebesse quem ele era, e assim que chegaram a essa conclusão, ele pode cumprir o que viera fazer: morrer.

Naquele momento, ele partiu resolutamente para ir a Jerusalém. E declarou: "Agora posso ser crucificado".

Pedro quis impedi-lo, repreendendo-o: "Você não fará isso", e Jesus precisou dizer a um de seus melhores amigos: "Para trás de mim, Satanás", o que significa: agora você não está falando como Deus, mas como Satanás.

Pedro, portanto, foi o primeiro homem a perceber a verdade. Sabe quem foi a primeira mulher a fazer a mesma confissão? Basta virar algumas páginas da Bíblia para descobrir que Marta, muito ocupada na cozinha, foi a primeira a dizer: "Tu és o Filho do Deus vivo".

Agora Jesus tinha o que precisava: um homem e uma mulher que não somente compreendiam quem ele era, mas que também contariam a outros. Assim, ele poderia morrer por nós, e foi exatamente o que aconteceu pouco tempo depois.

Jesus foi sensível na maneira como conduziu os discípulos a essa compreensão. Eles desconheciam onde Jesus havia nascido. Pensavam que ele nascera em Nazaré, mas havia sido em Belém. Não sabiam, portanto, como Jesus havia nascido porque Maria havia "guardado todas essas coisas no coração", sem partilhá-las com ninguém. Àquela altura, eles não tinham qualquer informação a respeito da infância de Jesus e, até onde se pode afirmar, também nada sabiam sobre seu batismo. Em todos esses três pontos, contudo, seu Pai celestial desempenhou um papel importante. E a palavra "Pai" agora passava a ser usada com frequência. Se existe algo especial que Jesus nos ensinou foi chamar Deus de "Pai". Nenhum judeu faria isso. Seria presunção chamar Deus de "Papai", e foi exatamente essa a palavra que ele nos deu: "Abba", a primeira palavra que um bebê judeu aprende quando vê aquele gigante curvando-se sobre o berço. Ele diz "Abba" e o papai orgulhoso anuncia: "Ele chamou por mim, ele me conhece".

Jesus tinha uma vida de oração tão profunda que os discípulos lhe pediram [paráfrase]: "Ensina-nos a orar como tu fazes".

Ele respondeu [paráfrase]: "Quando orar, diga, 'Abba'; aproxime-se de Deus como uma criancinha".

Quando observamos a vida de Jesus, vemos que seu Pai celestial esteve presente todo o tempo. Digo Pai *celestial* porque ele não teve um pai terreno.

Os relatos do nascimento de Jesus surgiram somente tempos depois. Foram descobertos por Mateus e Lucas e mostram que, desde o início da vida de Jesus na terra, sua mãe era terrena e seu Pai, divino. De sua concepção em diante, o Pai celestial era tudo o que importava para Jesus. Ele esteve presente na concepção, no nascimento, na infância, e esta sim é uma história à parte; trata-se do único vislumbre que temos da vida de Jesus, do nascimento até os seus 30 anos. Seus pais o levaram ao templo em Jerusalém para seu *bar-mitzvá*, ritual que marca a passagem da infância para a vida adulta, quando o menino judeu passa a assumir a responsabilidade de guardar a lei. Até essa ocasião, essa responsabilidade cabe aos pais. José, Maria e Jesus deixaram Jerusalém. Naqueles dias, viajava-se a pé, aproximadamente 25 quilômetros por dia, e o que acontecia era o seguinte: na viagem de ida a Jerusalém, os meninos caminhavam com a mãe, e na volta, viajavam na companhia do pai. Isso significava que eles agora eram homens. As mulheres partiam primeiro e, no local de destino, armavam a tenda e cozinhavam a refeição vespertina. Mais tarde, os homens as alcançavam e comiam a refeição.

Desse modo, após partirem de Jerusalém, eles caminharam

por 25 quilômetros e não se deram conta de que Jesus não estava com eles. Por que será? Provavelmente porque Maria pensou: "Ele não é mais um menino, portanto viajará com os homens". E José concluiu: "Bem, ele não é meu filho, por isso viajará com Maria". É possível entender, portanto, como somente após viajarem tantos quilômetros, eles descobriram que Jesus não estava com eles. Você conhece o restante da história. José e Maria voltaram a Jerusalém, procuraram por Jesus em todos os lugares, exceto no lugar correto, e finalmente decidiram: "Vamos procurar no templo". E lá estava Jesus, conversando com os doutores da lei. Maria fez uma pergunta interessante a Jesus [paráfrase]: "Filho, por onde você andava? Seu pai e eu procuramos por você em todos os lugares". Isso significa que ela jamais dissera a Jesus quem, de fato, era seu Pai. Havia guardado esse segredo em seu coração. Incrível! Mas significa também que, já aos 12 ou 13 anos, Jesus sabia quem era seu Pai. Ele respondeu: "Certamente você sabe que, quando um menino tem seu *bar-mitzvá*, torna-se parceiro de seu pai nos negócios da família; vocês deveriam ter me procurado primeiramente no templo. Não pensaram que me convém tratar dos negócios do meu Pai?". Todo esse acontecimento faz sentido quando conhecemos a verdade a seu respeito, não é? Esse fato, obviamente, assim como a infância de Jesus, não era do conhecimento dos discípulos.

Vejamos então o batismo de Jesus. O Pai participou desse batismo. Do céu, soou uma voz: "Este é o meu Filho amado, em quem me agrado", e as testemunhas afirmaram que foi como o som de um trovão. Se os seus ouvidos não estiverem sintonizados, é possível que você não identifique as verdadeiras palavras. Algumas pessoas, contudo, afirmam que foi o que ouviram o Pai dizer. Isso acontece ao longo de todo o ministério de Jesus. Ele afirma: "Os milagres que faço são pelo Espírito de Deus" e continua falando sobre o

Pai, mas jamais diz "Nosso Pai". Ele *nos* instrui a fazê-lo, mas ele mesmo não poderia. Jesus sempre diferenciou entre "Meu Pai" e "Vosso Pai". Fez essa distinção muito cautelosa porque proclamava ser *o* Filho de Deus. Era isso que eles começavam a entender. Este é *o Filho*, e quando se usa o artigo definido "*o*", afirma-se que não há outro. Quando ele diz: "Eu sou *o* caminho, *a* verdade e *a* vida" significa que não há outro caminho; não há outra verdade; não há outra vida. Eu sou! Tudo isso aparece de forma clara nos Evangelhos sinópticos.

Seu julgamento: Jesus foi condenado à morte por blasfêmia. Os romanos, contudo, não podiam crucificar ninguém sem uma acusação que constasse dos livros das leis romanas, e blasfêmia não estava lá. Por isso, quando levaram Jesus a Pilatos, foi necessário alterar a acusação para "traição". No tribunal judeu, ele afirma ser *o* Filho de Deus. Isso foi suficiente, era blasfêmia. No tribunal romano, no entanto, acusaram-no de autoproclamar-se *o* Rei dos judeus, o que se configurava traição. Jesus, portanto, foi condenado à morte por blasfêmia, mas pela lei romana, a acusação foi traição, e por esse motivo ele foi levado à morte. Na cruz, pela primeira vez, Jesus foi separado de seu Pai. Por isso clamou: "Eli, Eli, lamá sabactâni" – "Meu Deus! Meu Deus! Por que me abandonaste?". É o clamor de alguém que jamais conhecera a separação de seu Pai. Precisamos entender o coração de Jesus.

Foi assim, portanto, que os discípulos vieram a reconhecer que Jesus era o Filho de Deus. Mas espere, a única prova de que precisavam ainda estava por vir. Agora eles confessavam e afirmavam que Jesus era o Filho de Deus, mas algo aconteceria para que essa verdade se firmasse para sempre em suas mentes. Jesus foi levado à morte sob a acusação de blasfêmia e, três dias depois, estava fora do túmulo. O significado disso é que Deus havia revertido o veredito do tribunal humano. Com a ressurreição de Jesus, Deus estava afirmando: "Vocês erraram; ele estava falando a verdade; não blasfemou quando declarou ser o meu Filho; essa era a verdade, ele era inocente, e vocês o condenaram equivocadamente". Foi essa a mensagem da ressurreição para os discípulos e, a partir daquele momento, eles tiveram plena certeza de que Jesus era *o* Filho de Deus. Paulo afirma no início de Romanos que Jesus "foi declarado Filho de Deus com poder, pela sua ressurreição dentre os mortos". Deus estava declarando: "Esse é meu veredito".

Até agora, sequer mencionei o Evangelho de João. Do começo ao fim, esse Evangelho discorre sobre um único tema: que Jesus era, é e sempre será *o* Filho de Deus. Desde seu início, João refere-se a Jesus com outro nome porque ele foi chamado "Jesus" somente quando se tornou um ser humano. Mas ele já existia havia muito tempo, desde a eternidade. João, portanto, lhe chamou de "o logos". O termo era usado por um conhecido homem de Éfeso. "Logos" significa "a razão pela qual" e foi cunhado por Heráclito, um dos primeiros cientistas que existiu. Heráclito afirmou que o logos é a razão de as coisas serem como são. Muitas áreas da ciência terminam com o sufixo "-logia". A zoologia é o estudo do comportamento dos animais; a meteorologia é o estudo do comportamento do clima; a psicologia é o estudo do comportamento da mente; a sociologia é o estudo do comportamento da sociedade humana. Toda "-logia" estuda a razão pela qual algo acontece e, certamente, foi o mover inspirador de Deus em João, o quarto Evangelho, que o levou a chamar Jesus de "o logos", a razão pela qual tudo existe. Ele é a Razão. E João afirma no primeiro versículo de seu Evangelho: "O logos [a Palavra] estava com Deus (face a face com Deus), e o logos *era* Deus". O Evangelho de João começa e termina com as pessoas chamando Jesus de Deus. Se você leu meu livro *A Chave para Entender a*

Bíblia, saberá que há três grupos de sete no Evangelho de João: sete milagres, sete afirmações e sete testemunhas. Vamos avaliá-los rapidamente. No Evangelho de João há sete milagres, cinco dos quais não se encontram nos Evangelhos sinópticos. São milagres ainda mais surpreendentes, mais divinos. Jesus não os chama de milagres, mas de sinais. Cada milagre realizado era um sinal que apontava para Deus: transformar a água em vinho, por exemplo. Os autores dos Evangelhos sinópticos nunca perceberam isso, mas João sim, pois era um sinal que apontava para o Criador. A cura de um homem que fora cego durante 40 longos anos. A ressurreição de Lázaro quatro dias após a sua morte, quando seu corpo estava pútrido e malcheiroso. Tratava-se de um milagre de Deus, um ato divino. Vieram então as sete testemunhas que o chamaram de Deus, começando com o próprio João no Evangelho, "o Verbo era Deus", e terminando com Tomé, o discípulo incrédulo, que foi o primeiro a afirmar: "Senhor meu e Deus meu!". Ele era judeu, porém fez essa afirmação sem qualquer constrangimento, sem dificuldade, reconhecendo espontaneamente a divindade do Senhor.

Os únicos dois milagres que se repetem nos Evangelhos sinópticos são caminhar sobre a água e alimentar cinco mil pessoas com alguns poucos pães e peixes. São todos milagres tão divinos que destacam aquele que os realizou.

Temos, então, sete afirmações de Jesus, cada uma delas iniciada com *Yahweh*, cujo significado sabemos que é: "Eu sou"; "Eu sou o grande Eu sou". Mesmo em grego, lemos "Eu, Eu sou" – *ego eimi*. *Eimi* significa "Eu sou", mas *ego* significa "Eu"; portanto a verdadeira tradução dessas sete afirmações seria "Eu, Eu sou...". A primeira é o pão do céu. Mas Jesus também afirma ser: o bom pastor, a porta, o caminho, a verdade e a vida, e assim por diante.

Portanto: sete milagres, sete testemunhas, e sete

afirmações iniciadas com "Eu sou". Não é necessário mais do que isso. O Evangelho de João é bem claro e, no final, o autor afirma: "Jesus fez também muitas outras coisas. Se cada uma delas fosse escrita, penso que nem mesmo no mundo inteiro haveria espaço suficiente para os livros que seriam escritos". Foi por essa razão que João escreveu o Evangelho. Ele estivera mais próximo de Jesus do que qualquer pessoa e vivera por mais tempo, pois todos os outros Doze apóstolos morreram antes dele. João foi o único a atingir a velhice. E foi o único a cuidar de Maria, a mãe de Jesus. Jesus sabia que todos os outros seriam mortos, então colocou sua mãe sob os cuidados de João, o discípulo amado, que sempre se sentava ao seu lado às refeições e a quem conhecia profundamente.

Apresento a você tudo isso porque, se levarmos em conta somente os Evangelhos, os discípulos tinham um problema: conheciam duas pessoas a quem chamavam de Deus. O judaísmo apresentava o Deus celestial, o Deus que os trouxera do Egito. Eles conheciam *esse* Deus e agora se deparavam com um problema: Jesus também é Deus. Eles sempre sentiram que Jesus era igual a Deus em natureza, em atitude e em todas as outras formas, a ponto de crerem prontamente em sua afirmação: "Quem me vê, vê o Pai". Sabiam que, em Jesus, poderiam ver a pessoa de Deus, portanto fosse esse o fim da história, não seríamos trinitarianos, mas sim "binitarianos": creríamos em um Deus que é "dois em um". Esse, contudo, não foi o fim da história. Eles conheceriam uma terceira pessoa que também era Deus, exatamente igual aos outros dois.

Passemos então à outra pessoa: o Espírito Santo. Você deve se lembrar do que eu disse: no Antigo Testamento, eles não conseguiam decidir se o Espírito de Deus era uma coisa ou uma pessoa, e o mesmo tipo de ambiguidade ocorre no Novo Testamento, no qual o Espírito é comparado ao vento e à água. Isso significa que havia uma expressão pneumática e uma aquática para defini-lo: vento e água. Certamente vento e água não são pessoas. Ah, mas o Evangelho de João vai muito além disso. Do capítulo 14 ao 16, lemos que, na noite anterior à sua morte, Jesus lhes falou sobre o Espírito Santo chamando-o de "ele" e afirmou: "Deus vos dará outro Conselheiro". Os gregos têm duas palavras para expressar "outro". Uma delas significa outro "da mesma espécie"; a outra significa outro "de espécie diferente". E o significado "da mesma espécie" é usado aqui; "outro Conselheiro exatamente como eu; o que tenho sido para vocês, ele também será. Na verdade, ele não pode vir antes que eu vá". Tudo isso aponta para o que chamamos de *personalidade* do Espírito Santo. Ele será como Jesus foi para os discípulos, será outra pessoa exatamente como ele. Mais uma vez, é no Evangelho de João que encontramos a mensagem sobre a personalidade do Espírito Santo.

Somando tudo isso, eles agora conheciam três Pessoas, cada uma delas chamada de Deus, cada uma delas real para eles, e que, no entanto, dizia respeito ao mesmo Deus, exatamente o mesmo. Quer você se dirija a um ou a outro, terá a impressão de que está falando com a mesma pessoa. Eles têm exatamente a mesma atitude em relação a você, precisamente o mesmo cuidado por sua vida. Aqui estão judeus que conhecem três Pessoas que sabem ser divinas e pessoais. No entanto, permanecem sendo judeus que acreditam em um Deus único. Isso está entendido. Ainda sequer tocamos o restante do Novo Testamento, mas já encontramos uma base sólida para crer no Deus "três em um", exatamente o que é a Trindade.

Vamos então aos apóstolos e às epístolas, o restante do Novo Testamento. Todos os autores afirmam com absoluta clareza que Deus é um. Até citam novamente Deuteronômio 6.4. Cinco deles fazem isso. Estamos agora no Novo Testamento, e encontramos a afirmação de que Deus é um. Entretanto, os autores também ratificam, em primeiro lugar, que Jesus é divino, e a ele atribuem as três funções concernentes somente Deus: criação, salvação e juízo. São atribuições de Deus somente, porém as epístolas atribuem todas essas três funções a Jesus. Não se trata de coincidência. Além disso, todos eles aplicam a Deus Filho os conceitos de Deus Pai. Como Deus Pai, Jesus também é o primeiro e o último, o início e o fim. No Antigo Testamento, há pelo menos dez atributos de Deus Pai que, no Novo Testamento, os apóstolos aplicaram a Jesus. Ele é agora a Luz do mundo.

Esse é nosso ponto de partida. Nas epístolas, todos reconhecem o Espírito Santo como uma pessoa, portanto temos um problema. Os textos começam a falar em termos de três. Para ilustrar, vou mencionar duas passagens. A primeira está em Efésios, capítulo 4: "Façam todo o esforço para conservar a unidade do Espírito pelo vínculo da paz. Há um só corpo e um só Espírito, assim como a esperança para a qual vocês foram chamados é uma só; há um só Senhor, uma só fé, um só batismo, um só Deus e Pai de todos, que é sobre todos, por meio de todos e em todos". Percebe os três lados de um único Espírito, um único Cristo, um único Deus? Para eles, tornou-se quase natural pensar em termos de "três em um". Eis aqui outra passagem – 1Coríntios 12, na qual Paulo fala sobre os dons do Espírito: "Há diferentes tipos de dons, mas o Espírito é o mesmo. Há diferentes tipos de ministérios, mas o Senhor é o mesmo. Há diferentes formas de atuação, mas é o mesmo Deus quem efetua tudo em todos". Percebeu? O mesmo Senhor, o mesmo Espírito, o mesmo Deus. Em 2Coríntios: "A graça do Senhor Jesus Cristo, o amor de Deus e a comunhão do Espírito Santo sejam com todos vocês".

Isso acontece em todas as epístolas. O Pai, o Filho e o Espírito Santo são colocados em nível de igualdade; os autores não fazem distinção entre eles e usam essa fórmula tríplice para abençoar as pessoas. E mais: é evidente que eles adoravam o Pai, o Filho e o Espírito Santo; como vimos na benção que mencionei. O que estou tentando fazer é lhe dar uma ideia de como a Trindade, inevitavelmente, emergiu da *experiência* dos discípulos. Automaticamente, portanto, eles pensavam na eternidade de Deus em três pessoas. Ainda não usavam a palavra "trindade", na parte 2 eu conto como ela surgiu, mas já estavam pensando em termos de uma tríade. Usaram muitos termos diferentes, mas seu pensamento baseava-se na Trindade e esse é o ponto central da doutrina.

Parte 2

A DOUTRINA

Em um mundo caído, é inevitável que a fé cristã seja atacada. Segundo o Novo Testamento, este mundo é o império das trevas. "Sabemos que somos de Deus e que o mundo todo está sob o poder do Maligno". Somos instruídos a orar diariamente para que sejamos libertos do maligno: essa é a verdadeira versão da oração do Pai nosso; não é "livra-nos do mal", mas "livra-nos do maligno", o diabo. A oração do Pai nosso, como costumamos chamá-la, começa com "Pai nosso, que estás nos céus", mas termina com o diabo na terra. Os ataques do maligno acontecem de duas maneiras: ele atacará os mensageiros do Evangelho e a mensagem do Evangelho. Ele ataca os mensageiros tentando levá-los a uma conduta imprópria ou constrangedora, a desobedecer a Deus, a não cumprir sua vontade. Essa, contudo, é outra história, e seguramente você já aprendeu muito a respeito. Os dois maiores riscos para os mensageiros são que eles caiam na libertinagem, agindo como bem desejam, ou no legalismo, enfatizando de forma exagerada a lei de Deus. Conheço igrejas assim. Algumas caem na libertinagem, não se importam com a forma como vivem seus membros; outras caem no legalismo, e ambos podem extinguir a vida da igreja.

Aqui, contudo, nosso interesse é a mensagem, e a forma como o diabo busca pervertê-la para prejudicar o Evangelho. Já vimos como o Evangelho depende do fato de Jesus ser, ao mesmo tempo, plenamente humano e plenamente divino; e o diabo deseja destruir um dos dois aspectos. Um de seus primeiros ataques à fé cristã tem o nome de "docetismo", que simplesmente significa crer que Jesus não veio em carne como nós, mas sim que *apareceu* como um tipo de fantasma ou anjo. E, sim, ainda há os que pensam que Jesus não era real. Mesmo hoje, embora sejam poucas, há pessoas que negam a existência de Jesus. Já na época do Novo Testamento, atacava-se a humanidade de Jesus, razão pela qual João, em duas de suas três cartas, afirmou que se alguém não crê que Jesus veio em carne, não é cristão. Precisamos crer na verdadeira humanidade de Jesus.

Enquanto os crentes têm problemas com a humanidade de Jesus, os incrédulos têm problemas com a sua divindade. Contudo, estamos tão acostumados a adorar Jesus e a ver sua imagem retratada em vitrais coloridos, que nos esquecemos que ele era realmente humano. Os discípulos não estavam entre os que duvidaram da humanidade de Jesus. Eles conviviam com essa humanidade. Partilhavam de refeições, dormiam nos mesmos lugares, caminhavam e conversavam com ele. Sabiam que Jesus era real e também totalmente humano e achavam espantoso que algumas pessoas tivessem dificuldade com a ideia. Mas nós também temos dificuldades com isso. Já mencionei que Jesus, assim como nós, precisava esvaziar os intestinos e a bexiga todos os dias. Na igreja, jamais ouvimos, falamos ou sequer imaginamos isso, mas Jesus falou sobre o assunto. Ele era um ser humano exatamente como nós, e uma das maneiras pelas quais o diabo tenta destruir a mensagem cristã é convencendo todos de que Jesus não era real, que não era totalmente humano, mas sim um visitante celestial, uma aparição, um fantasma.

O principal ataque, no entanto, é contra a divindade de Jesus, afinal, trata-se do ponto central. Jesus era divino, e somente quando os discípulos entenderam quem ele era, ele pode dirigir-se a Jerusalém para morrer. Somente então as pessoas compreenderiam todos os acontecimentos, bem como a obra a ser realizada por Jesus. O diabo, portanto, nos ataca moral e mentalmente, e é sobre esse ataque mental que quero falar agora. Já mencionei que o Evangelho de João foi escrito praticamente com o único intuito de sustentar a divindade de Jesus e o fato de ser o Filho de Deus. João viveu em Éfeso, onde cuidou de Maria, a mãe de Jesus, até o final de sua vida. Havia em Éfeso, no entanto, um homem chamado Cerinto, que afirmava que Jesus não era totalmente divino, nem totalmente humano, mas sim alguém que se situava entre Deus e o mundo, capaz de mediar em nosso favor, mas não era totalmente Deus. João tinha conhecimento das palavras de Cerinto. Certo dia, quando estava nas termas romanas para banhar-se, viu Cerinto na outra extremidade da piscina e gritou para seus amigos: "Saiamos daqui! Saiamos!". Eles pensaram que algo terrível acontecera. João explicou: "Não quero estar na mesma água que aquele homem". A posição firme de João contra Cerinto indica que nada é mais danoso do que afirmar que Jesus não era totalmente divino, que era um pouco menor que Deus ou um meio-termo.

Hoje, baseando-se em sua própria versão da Bíblia, habilmente adaptada para ajustar-se a seus pontos de vista, as Testemunhas de Jeová afirmam que Jesus não é Deus. Eles não creem que Jesus era Deus. Segundo eles, Jesus era uma criatura e não o Criador, "Jesus é o primogênito de toda a criação" é uma das frases que usam, e ela é bíblica, mas eles creem que Jesus foi formado muito tempo antes, como uma criatura. Afirmar que: "Todas as coisas foram feitas por intermédio dele; sem ele, nada do que existe teria sido feito" é blasfêmia para as Testemunhas de Jeová.

Na verdade, eu darei um grande passo agora no que concerne à divindade de Jesus. A certa altura, alguém teve uma excelente ideia: "Precisamos é de uma declaração de fé breve e concisa, assim poderemos defendê-la contra os que a atacam". É assim que os credos são formados (*credo*, palavra latina que significa "eu creio"). O primeiro credo, de autoria desconhecida, é o Credo Apostólico, usado todas as semanas nos cultos da Igreja Anglicana. Os credos foram escritos para defender a fé contra os que, de alguma forma, a negavam. Ao lê-lo, pergunte a si mesmo: "Contra qual ataque esse credo defendia a fé?". Pois essa é a razão de terem sido escritos. Aqui, portanto, está o Credo Apostólico, um dos primeiros. Leia e questione o que estava sendo negado pelos que atacavam a fé cristã.

Creio em Deus Pai, Todo-Poderoso, Criador do céu e da terra; e em Jesus Cristo, seu único Filho, nosso Senhor, que foi concebido pelo poder do Espírito Santo, nasceu da virgem Maria; padeceu sob Pôncio Pilatos, foi crucificado, morto e sepultado; desceu à mansão dos mortos; ressuscitou ao terceiro dia; subiu aos céus; está sentado à direita de Deus Pai, Todo-Poderoso, de onde há de vir a julgar os vivos e os mortos. Creio no Espírito Santo, na santa Igreja Católica, na comunhão dos santos, na remissão dos pecados, na ressurreição da carne, na vida eterna. Amém. (CREDO APOSTÓLICO)

Essas palavras são familiares? Que alegação esse credo tentava contra-atacar? Talvez você se surpreenda com o primeiro aspecto que eu desejo destacar: essas palavras foram escritas para defender a *humanidade* de Jesus; já não se acreditava que ele fosse realmente humano. E por que ouso fazer tal afirmação? Porque o credo menciona seu nascimento e sua morte. O Credo Apostólico também cita dois seres humanos: Maria, a mãe de Jesus, e Pôncio Pilatos, sob cujo governo Jesus foi morto. Esse credo, portanto, está afirmando que Jesus nasceu e morreu, dois fatos básicos de todo ser humano. Fatos que, provavelmente, estarão registrados em sua lápide: você nasceu e morreu; você é humano.

Nossa primeira afirmação, portanto, é que o credo foi escrito para defender a plena humanidade de Jesus. Essa é a razão pela qual Pôncio Pilatos entrou para a história: ele foi responsável pela morte de Jesus. Mas observe que trocamos a palavra "inferno" por "mortos": "ele desceu à mansão dos mortos". Trata-se de uma tradução melhorada porque, na verdade, o texto diz "ele desceu ao Hades", e quando o credo foi escrito, não fica claro se "inferno" e "Hades" referem-se ao mesmo lugar. O significado, no entanto, é que ele desceu ao mundo dos mortos. Outra frase que podemos interpretar erroneamente é "a santa Igreja Católica". A palavra "católica" significa "universal". Não indica a igreja de Roma. Na época em que esse credo foi escrito, a santa Igreja Católica era a santa igreja universal de todos os crentes. Isso, portanto, não representa problema algum.

Mas também há uma referência a fatos que indicam a intervenção divina em sua vida. Sim, ele nasceu de Maria, mas foi concebido pelo Espírito Santo, portanto Deus era seu Pai. E sim, ele foi crucificado sob Pôncio Pilatos, mas ressuscitou dos mortos ao terceiro dia. Mais uma vez, Deus está presente. Desse modo, embora o credo enfatize a verdadeira humanidade de Jesus, ele também destaca a Paternidade de Deus e tudo o que Deus fez para tornar Jesus possível.

Passamos agora a um dos primeiros credos, redigido em um lugar chamado Niceia e, por essa razão, chamado de Credo Niceno, geralmente recitado no culto da ceia em uma Igreja Anglicana. É bem mais extenso e foi escrito para defender a crença da igreja na plena divindade de Jesus, pois, à época, certo homem chamado Ário era mais um dos que alegavam que Jesus era uma criatura e não o Criador, alguém que se situa entre Deus e o mundo, porém não era plenamente Deus. À luz dessa informação, observe os termos usados:

> Cremos [na tradução moderna; diferente do "Creio" que consta do Credo Apostólico] em um só Deus, Pai Todo-Poderoso, Criador do céu e da terra, de todas as coisas visíveis e invisíveis. E em um só Senhor, Jesus Cristo, Filho unigênito de Deus, gerado do Pai antes de todos os séculos, Deus de Deus, Luz de luz, Deus verdadeiro de Deus verdadeiro, gerado, não criado, consubstancial com o Pai, por quem foram feitas todas as coisas. (CREDO NICENO)

É uma declaração impressionante. Perceba o que está afirmando: Jesus foi gerado do Pai na eternidade. Isso anula a ideia de que ele era uma criatura. "Gerado" não significa que Deus o *criou*. Jesus foi *gerado do Pai antes de todos os séculos*. Ele sempre foi o Filho de Deus. Não *se tornou* o Filho de Deus. Era o Deus verdadeiro gerado pelo Deus verdadeiro. Não se pode questionar que o texto enfatiza que Jesus era *plenamente Deus*. "Consubstancial com o Pai", ou seja, completamente formado da mesma substância. "Por quem foram feitas todas as coisas", uma citação do Evangelho de João, que declara que ele não era uma criatura; era o Criador, conforme o Novo Testamento afirma muitas vezes. E continua: "o qual, por nós homens e para a nossa salvação, desceu dos céus; se encarnou pelo Espírito Santo...". Esta é uma palavra que não se encontra na Bíblia: "encarnado", significa que ele se fez carne humana. Alguém, portanto, havia começado a negar a encarnação: "se encarnou, no seio da virgem Maria, e se fez homem. Também por nós foi crucificado sob Pôncio Pilatos, padeceu, foi sepultado, ressuscitou ao terceiro dia, conforme as Escrituras, e subiu aos céus, onde está assentado à direita do Pai. Ele virá novamente, em glória, para julgar os vivos e os mortos; e o seu reino não terá fim". Há um acréscimo, portanto algumas pessoas já estavam ensinando que o reino de Jesus não seria eterno.

Está começando a perceber como devemos ler os credos? A cada afirmação, pergunte: "O que essas palavras estão negando?". Essa era a resposta da igreja ao que se afirmava. "Cremos no Espírito Santo, Senhor e fonte de vida, que procede do Pai". Isso é novo. E trata-se de uma das primeiras controvérsias: "Quem enviou o Espírito Santo?". Alguns diziam que havia sido Deus, e somente Deus; outros afirmavam que Deus Pai, juntamente com Deus Filho, haviam enviado o Espírito, ideia que está mais alinhada ao texto bíblico. "Com o Pai e o Filho, ele é adorado e glorificado. Ele falou pelos profetas. Cremos na Igreja, unificada, santa, católica e apostólica". Há uma palavra adicional aqui: "apostólica". "Confessamos um só batismo para remissão dos pecados". Algo novo também aqui: o "batismo" não constava do Credo Apostólico. "Esperamos a ressurreição dos mortos; e a vida do mundo vindouro". Surgia uma controvérsia a respeito do batismo, talvez porque já estava sendo aplicado a bebês.

O próximo credo que quero mencionar foi escrito em aproximadamente 400 d.C. e recebeu o nome de Credo de Atanásio, em homenagem a um grande defensor da Trindade. Atanásio preocupava-se com o ensino de que havia três Deuses e não apenas um. Penso que esse credo exagera um pouco, mas leia:

A fé católica é esta: que adoremos um único Deus em Trindade, e a Trindade em unidade. Não confundindo as Pessoas, nem dividindo a substância. Porque a Pessoa do Pai é uma, a do Filho é outra e a do Espírito Santo, outra. Mas no Pai, no Filho e no Espírito Santo, há uma mesma divindade, igual em glória e co-eterna majestade. O que o Pai é, o mesmo é o Filho e o Espírito Santo. O Pai é não criado, o Filho é não criado, o Espírito Santo é não criado. O Pai é ilimitado, o Filho é ilimitado, o Espírito Santo é ilimitado. O Pai é eterno, o Filho é eterno, o Espírito Santo é eterno. (CREDO DE ATANÁSIO)

A propósito, estamos apenas a um terço do caminho.

Contudo, não há três Seres eternos, mas um Ser eterno. Portanto, não há três (Seres) não criados, nem três ilimitados, mas um único Ser não criado e ilimitado. Do mesmo modo, o Pai é onipotente, o Filho é onipotente, o Espírito Santo é onipotente. Contudo, não há três onipotentes, mas um só onipotente. Assim, o Pai é Deus, o Filho é Deus, o Espírito Santo é Deus. Contudo, não há três Deuses, mas um só Deus. Portanto o Pai é Senhor, o Filho é Senhor e o Espírito Santo é Senhor. Contudo, não há três Senhores, mas um só Senhor. Porque, assim como compelidos pela verdade cristã a confessar cada Pessoa separadamente como Deus e Senhor, assim também somos proibidos pela religião universal de dizer que há três Deuses ou Senhores. O Pai não foi feito de ninguém, nem criado, nem gerado. O Filho procede do Pai somente, nem feito, nem criado, mas gerado. O Espírito Santo procede do Pai e do Filho, não feito, nem criado, nem gerado, mas procedente. Portanto, há um só Pai, não três Pais, um Filho, não três Filhos, um Espírito Santo, não três Espíritos Santos. E nessa Trindade nenhum é primeiro ou último, nenhum é maior ou menor. Mas todas as três Pessoas co-eternas são co-iguais entre si; de modo que em tudo o que foi dito acima, tanto a unidade em Trindade como a Trindade em unidade devem ser cultuadas. (CREDO DE ATANÁSIO)

Acho que ele conseguiu explicar seu ponto de vista. O grande anseio da igreja, contudo, era manter a fé nos trilhos e, nesse caso, não dividir Deus em três Pessoas, algo que pode ser feito facilmente. Eles não são a mesma Pessoa, mas são o mesmo Deus. Essa é a parte mais difícil de entender, mas voltaremos a esse ponto daqui a pouco.

Há outro credo, chamado Calcedoniano por ter sido redigido na região da Calcedônia, em 451 d.C. Pergunte-se, novamente: "O que esse credo está negando?".

Fiéis aos santos pais, todos nós, perfeitamente unânimes, ensinamos que se deve confessar um só e mesmo Filho, nosso Senhor Jesus Cristo, perfeito quanto à divindade e perfeito quanto à humanidade; verdadeiramente Deus e verdadeiramente homem, constando de alma racional e de corpo, consubstancial com o Pai, segundo a divindade, e consubstancial conosco, segundo a humanidade; em tudo semelhante a nós, excetuando o pecado; gerado segundo a divindade pelo Pai antes de todos os séculos e, nestes últimos dias, segundo a humanidade, por nós e para nossa salvação, nascido da virgem Maria, mãe de Deus; um e só mesmo Cristo, Filho, Senhor, Unigênito, que se deve confessar, em duas naturezas, inconfundíveis, imutáveis, indivisíveis, inseparáveis; a distinção de naturezas de modo algum é anulada pela união, antes é preservada a propriedade de cada natureza, concorrendo para formar uma só pessoa e em uma subsistência; não separado nem dividido em duas pessoas, mas um só e o mesmo Filho, o Unigênito, Verbo de Deus, o Senhor Jesus Cristo, conforme os profetas desde o princípio acerca dele testemunharam, e o mesmo Senhor Jesus nos ensinou, e o credo dos santos pais nos transmitiu.
(CREDO CALCEDONIANO)

Percebemos uma preocupação, não sobre o Espírito Santo, mas sobre o Filho, de que havia duas naturezas reunidas em perfeita harmonia, o divino e o humano combinados em Cristo.

Esses são os credos sobre os quais vamos refletir aqui, mas foram todos escritos para defender a fé e mantê-la pura, e sou grato aos que se dedicaram a essa tarefa. Não concordo com tudo o que afirmam, pois eles não são infalíveis; não são a Bíblia, nem devemos tratá-los como tal. Tenho dificuldades com algumas de suas declarações. Um desses credos chama Maria de "mãe de Deus". Você percebeu? *Theotokos* é a palavra no grego e, infelizmente, as pessoas se prenderam a ela e começaram a se referir a Maria chamando-a de "mãe de Deus". Já ouviu essa expressão? Os católicos hoje consideram essa ideia um dogma. Maria não era a mãe de Deus. Jamais foi a mãe de Deus. Ela era a mãe do Filho de Deus. Vê-la como mãe de Deus a coloca acima de Deus, uma das explicações para a grande veneração dos católicos por Maria. Ela era a mãe do Filho, a mãe de uma entre três Pessoas, mas não das outras duas. Maria não era a mãe do Espírito Santo; não era a mãe de Deus Pai, portanto precisamos entender que o credo não afirma que Maria era a mãe de Deus, mas que gerou Jesus, que é Deus, e isso é verdade. Ao torná-la mãe de Deus, o texto se excede.

Depois desses credos, ainda há questões importantes que os teólogos precisam encarar e o têm feito. A primeira é: Há uma ordem entre eles? Como eles se relacionam entre si? Há subordinação? Embora as teólogas feministas neguem categoricamente, existe, sim, uma ordem. O Pai *enviou* o Filho; o Filho e o Pai *enviaram* o Espírito; ninguém enviou o Pai. Esse verbo jamais é usado em relação ao Pai. Jesus veio fazer a vontade do Pai. Fez isso voluntariamente, de modo perfeito; mas veio para glorificar o Pai. O Espírito Santo veio para glorificar o Filho, e não há glorificação no sentido inverso, embora o Filho de fato tenha orado: "Pai, glorifica-me junto a ti, com a glória que eu tinha contigo antes que o mundo existisse". No entanto, parece haver uma ordem, e em cada credo há sempre três seções que seguem a mesma ordem: Pai, Filho, Espírito Santo. Em outras palavras, o Pai tem a prioridade. O elemento básico é sua vontade, cumprida pelos outros dois. Portanto, há certa ordem aqui, certa subordinação de um tipo voluntário, o que leva à segunda pergunta: "Eles são iguais?". A resposta é que eles são subordinados entre si em alguns aspectos e iguais em outros. São iguais em glória, iguais em condição, iguais de muitas formas, mas há uma ordem. Surge então outra pergunta importante: "Há quanto tempo Deus existe?". Até hoje, afirma-se que ele se tornou três Pessoas a fim de nos salvar. Chama-se Teoria Econômica da Trindade. Mas a resposta definitiva dos cristãos tem sido: "Eles *sempre* foram Pai, Filho e Espírito Santo".

É agora que seus miolos começam a se exercitar um pouco mais; isso certamente acontece. Chegamos aos equívocos modernos, o que de fato sugere que talvez precisemos de credos modernos para confrontar os equívocos modernos. Ainda há igrejas que não conseguem aceitar que Deus é três Pessoas. Essas igrejas são chamadas de unitarianas e há muitas delas nos Estados Unidos. Adoram um único Deus, mas não incluem a Trindade. Falam sobre Jesus e sobre o Espírito Santo. Assim também fazem as Testemunhas de Jeová. A Trindade, contudo, ainda é anátema. Há um grupo de pentecostais chamado unicistas. Já ouviu sobre eles? Novamente, é nos Estados Unidos que surgem coisas desse tipo, e esses pentecostais unicistas creem que Deus é um, que Jesus e o Espírito Santo são apenas o Deus único, o que na verdade significaria que Deus Pai morreu na cruz por você. Trata-se de um engano célebre que persiste há séculos. O Pai não morreu na cruz. Foi o Filho quem o fez.

O Pai deserdou seu Filho porque ele tornou-se pecado por nós (veja 2Coríntios 5.21). O equívoco, contudo, tem sido apresentado como "patripassianismo" (peço desculpas pelas palavras longas; *patri-* = Pai; *passian* = paixão, sofrimento). Sem refletir, as pessoas ainda podem falar dessa forma, mas não se trata da verdade.

Mencionei as Testemunhas de Jeová e também mencionei as feministas, e estas representam um grande ataque à Trindade. Não conseguem tolerar a ideia de uma pessoa submissa à outra, de que alguém se submeta à vontade de outro, e são óbvias as razões para que creiam dessa forma. No entanto, aplicar essa ideia a Deus é um erro porque, como mostrarei daqui a pouco, é ele que estabelece o padrão.

Peço que você reflita cuidadosamente sobre o que vou lhe sugerir agora. Creio que muitos evangélicos sejam trinitarianos em teoria, porém binitarianos na prática. Certamente você já esteve em igrejas onde se crê na Trindade: o Pai, o Filho e a Bíblia Sagrada. Sabe a que me refiro? Em tais igrejas, não se ouve falar muito a respeito do Espírito Santo; eles creem que a manifestação dos dons e do Espírito cessou há dois mil anos, quando a Bíblia foi concluída. Acho que não preciso dizer mais nada. Na prática, contudo, isso reflete uma postura antitrinitarianista. Talvez não em teoria, mas, na prática, ouve-se muito a respeito do Pai, do Filho e da Bíblia Sagrada, e muito pouco sobre o Espírito Santo. Falo por experiência própria. Não tenho a intenção de tornar a questão objetivamente crítica, mas eu costumava ser esse tipo de evangélico e detestava pregar no domingo de Pentecoste. Era capaz de extrair do conteúdo de livros o suficiente para dois sermões no domingo de Pentecoste, mas só isso. Sempre me alegrava por retornar ao Evangelho na semana seguinte. Nos outros domingos, confesso que poderia pregar muitos e muitos sermões sem jamais mencionar o Espírito Santo. É uma forma bastante sutil do que chamo de "binitarianismo". Significa que, em tais igrejas, muitas pessoas não conhecem o Espírito Santo como uma Pessoa, não o conhecem a ponto de conversar com ele ou não sabem identificar a sua voz. Creio que eu seja um evangélico carismático. Em outras palavras, acredito que precisamos do Espírito Santo, e do Pai e do Filho, e que precisamos de todos os três, como nos ensinam as Sagradas Escrituras.

Voltemos então aos dias de hoje. Como vamos explicar tudo isso às pessoas? Pense em algumas equações matemáticas. A primeira equação é aquela que muitos pensam que cremos e ensinamos, e eles não conseguem entender por que não cremos em três deuses, pois essa equação matemática seria: 1+1+1=3. Eu diria, contudo, que há outra equação matemática mais próxima da verdade: 1x1x1=1. Deus não está preso à matemática, mas quero lhe oferecer essa, caso você esteja em busca de uma fórmula que faça mais sentido quando falar a respeito da Trindade. Basta mudar "adição" por "multiplicação" e você estará em um mundo completamente diferente.

Algumas pessoas buscam símbolos. Em muitas igrejas identificamos um símbolo sempre relacionado à Trindade na arquitetura ou em um entalhe na extremidade dos bancos de madeira. Quando o jovem escravo galês Patrick foi evangelizar a Irlanda, usou um tipo de trevo que veio a tornar-se o símbolo nacional do país. Ele disse: "É uma folha ou são três? Tem três lóbulos, porém somente um caule, então se trata de uma folha ou de três?". E para que as pessoas entendessem, usou o trevo como um tipo de símbolo da Trindade.

Em minha opinião, as analogias não ajudam em nada. Tive um professor na Universidade de Cambridge que afirmou: "Imaginem três ovos em uma frigideira, as claras dos ovos se mesclam, mas ainda há três gemas". E continuou: "É uma imagem da Trindade". Bem, Deus não é representado por ovos em uma frigideira. Todas as analogias desse tipo não funcionam. Uma das favoritas é a fórmula da água (H_2O), que pode ser água, gelo ou vapor, respectivamente, nos estados líquido, sólido e gasoso. Já ouvi essa analogia usada como argumento. Mas ela não funciona porque a água jamais pode ser todos os três elementos simultaneamente. Ela se transformará em gelo ou em vapor, mas jamais será gelo, água e vapor ao mesmo tempo. Não se trata, portanto, de uma analogia. Por isso digo: esqueça as analogias.

Tenho uma ilustração que acredito ser útil: um triângulo com o Pai no topo, o Filho em um dos vértices e o Espírito em outro, e várias linhas que os conectam. Uma extensa linha externa diz "não é", portanto o Pai não é o Espírito; o Pai não é o Filho; o Filho não é o Espírito. Porém no centro do diagrama está a palavra "Deus" e linhas curtas conectam os três ao centro e a linha mais curta diz "é, é, é": o Pai é Deus, o Filho é Deus e o Espírito é Deus. Eles distinguem-se uns dos outros, mas todos são Deus. Esse diagrama não demonstra nada, mas acredito ser uma boa imagem para se ter em mente. Ele me mantém atento e diz à minha mente que preciso me lembrar disso.

Mas vamos em frente. Creio que o mais importante que tenho a dizer agora seja: *a dinâmica precede a doutrina, a experiência vem antes da explicação*. Era assim nos tempos bíblicos. Por ter experimentado a dinâmica da Trindade, eles precisaram formular a doutrina. Essa é a ordem, e, por isso, digo com sinceridade: não tente explicar a Trindade a um incrédulo. Conte-lhe primeiramente sobre a dinâmica; apresente-lhe primeiro o relacionamento tríplice. Não tente convencê-lo a crer na Trindade até que ele tenha conhecido todas as três Pessoas. Com incrédulos, portanto, eu suplico: não perca seu tempo discutindo a respeito da Trindade. Pregue o Evangelho, apresente-lhes às três Pessoas, e você não terá qualquer dificuldade em lhes dizer que conheceram o mesmo Deus em todas as três Pessoas. Essa, portanto, é a primeira aplicação prática de tudo o que tenho ensinado. Não tente convencer incrédulos a respeito da Trindade. Você jamais terá êxito. Eles o prenderão em muitos nós antes que você chegue a algum lugar. Apresente-lhes a *experiência* da Trindade e eles estarão prontos para ouvir a doutrina. É necessário sim que ouçam a doutrina, mas somente depois de terem experimentado três relacionamentos; e quero dizer todos os três.

Eles precisam ser apresentados ao Pai, ao Filho e ao Espírito Santo desde o início de sua vida cristã. Há muitos que esperam anos até serem apresentados ao Espírito Santo como uma Pessoa com quem devem ter um relacionamento pessoal. Somente conhecemos o Pai por meio do Filho e "ninguém vem ao Pai senão pelo Filho", e essas são as duas primeiras Pessoas apresentadas à maioria dos cristãos. Mas por que o Espírito Santo não é apresentado também? Afinal, no batismo, que deve acontecer no início de sua vida cristã, eles são batizados no nome do Pai, do Filho e do Espírito Santo. Como podem ser batizados no nome de uma Pessoa que não conhecem? É evidente que temos um problema aqui. O próprio Jesus disse: "Vão e façam discípulos de todas as nações, batizando-os em nome *do* Pai e *do* Filho e *do* Espírito Santo". E a palavra "do" é muito importante, pois é o que os torna Pessoas.

Não chamamos Deus de Pai, Filho e Espírito Santo como se esse fosse seu nome. Seu nome é *o* Pai, *o* Filho e *o* Espírito Santo, e isso garante que eles sejam tratados como Pessoas separadas, distintas uma da outra. O problema é que esse nome é singular, e, novamente, temos um enigma gramatical. O nome único *do* Pai, *do* Filho e *do* Espírito Santo, o nome único das três Pessoas é uma contradição tanto gramatical quanto matemática, mas é a verdade. Creio, portanto, que nossa tarefa fundamental seja apresentar as pessoas a todos os três: se necessário, um a um, mas, de preferência, com o mínimo de distância entre eles, para que elas conheçam todos os três e saibam instintivamente que estão lidando com o mesmo Deus em todos os três.

Chego agora ao ponto mais importante. Deixe-me apresentá-lo com cuidado. A verdadeira resposta ao enigma da Trindade é perguntar: "Em que sentido Deus é três, e em que sentido ele é um?". Jamais confunda essas duas percepções. Há sentidos em que Deus é três e há outros sentidos em que ele é um; mas são duas percepções distintas que não devem ser confundidas. Vamos considerar primeiramente em que sentido Deus é três. Deus é três Pessoas. O Pai não é o Filho e também não é o Espírito. A tríade é formada por Pessoas. Ele não é uma Pessoa. Está me acompanhando? Gostaria que tivéssemos impedido nossa mente de imaginar que ele era simultaneamente três Pessoas e uma Pessoa. Foi assim que criamos problemas. Ele é três Pessoas, mas somente um Deus. Portanto, o que ele é como três Pessoas é diferente do que é como uma Pessoa. Espero que você consiga acompanhar meu pensamento, pois deixará de ser um problema. Ele é "três" em apenas alguns sentidos, e ele é "um" em sentidos totalmente diferentes. Não estamos esperando que a percepção de três e a percepção de um sejam aplicadas à mesma coisa. É aí que você cai na contradição e no absurdo matemático.

Portanto, entenda claramente: o três aplica-se somente às três Pessoas. Desse modo, o problema é: em que sentido os três são um? Não no que se refere à Pessoa. Sabemos o que é uma pessoa. Eu sou uma pessoa e você também é uma pessoa, eu não sou você, você não é eu, somos diferentes. Então como conseguimos essa unidade? Há somente uma analogia humana que pode ajudar aqui e é a do relacionamento sexual. Essa é a analogia usada na Bíblia, quando duas pessoas tornam-se uma só carne, podemos usar essa analogia. Ela só se aplica ao aspecto de dois que se tornam um, mas pelo menos podemos afirmar que Deus está um passo além. Ele é três em um. Jesus foi bem específico: "Eu e o Pai somos um", mas ele não se referia a "uma única Pessoa". Ele quis dizer dois em perfeita harmonia, partilhando da mesma natureza, das mesmas atitudes, dos mesmos atributos. Três partilham uma mesma natureza, não uma Pessoa. As três Pessoas estão em total harmonia.

Deixe-me concluir com algumas perguntas: "Qual é a importância de tudo isso?"; "Qual é a relevância de tudo isso?"; "A Trindade não é apenas uma teoria?; "Como ela impacta a minha vida?". Bem, a pergunta crucial em toda religião é: "Em que tipo de Deus você crê?". Isso vai afetar todo o resto.

Veja o islamismo. Eles não creem em uma trindade. Creem em uma pessoa chamada deus. Nós cremos em três Pessoas. Que diferença isso faz? É simples: entendemos que Deus está acima de nós, ao nosso lado e dentro de nós. Deus Pai está acima de nós, para que possamos adorar um Deus que está no céu. Mas ele tornou-se Emanuel, Deus *conosco*, Deus ao nosso lado, partilhando de nossa natureza. E quando somos cheios com o Espírito Santo, sabemos que Deus está em nós. Mas se enfatizarmos de forma exagerada qualquer um desses três aspectos, teremos uma visão desequilibrada de Deus. O islamismo enfatiza demasiadamente o deus acima de nós, e isso é tudo o que eles têm; nós, contudo, temos um Deus que esteve ao nosso lado e nos disse: "Eu enviarei um substituto". É o que a palavra Consolador significa aqui: Substituto. Enviarei um Substituto que permanecerá dentro de vocês. Portanto, se você perguntar: "Onde está meu Deus?", responderei que ele está acima de mim, ele está ao meu lado e ele está dentro de mim. E todo o meu ser está coberto, toda a minha existência está em Deus e tenho o

Deus de que preciso. Preciso de um Deus que esteja acima de mim. Preciso de um Deus que esteja ao meu lado. Preciso de um Deus que esteja dentro de mim. São as três dimensões da minha vida e Deus preenche todas elas; somente o Deus Trino faz isso. Alá não consegue fazê-lo. O Corão não afirma que Alá é capaz disso. Ele é incapaz. Será sempre uma pessoa solitária acima deles, sendo que esses aspectos do relacionamento "ao lado" e "dentro" não existem.

"Emanuel", entretanto, significa "Deus conosco, Deus ao nosso lado", e a presença do Espírito Santo em minha vida representa "Deus vivendo dentro de mim". Porém quando enfatizamos demasiadamente Deus dentro de nós, acabamos por reduzi-lo em tamanho. Ele se torna um pequeno Deus que cabe em nosso coração. Ou podemos exagerar na ênfase de que em Cristo ele está ao nosso lado e perder a noção de que ele está dentro de nós. Entre todas as religiões do mundo, somente o cristianismo pode vangloriar-se de um Deus acima de nós, ao nosso lado e dentro de nós. É o fato mais importante da Trindade, e se você não acreditar na Trindade, perderá pelo menos uma ou duas das três, e isso seria uma tragédia.

O que isso significa no que se refere a Deus? Significa que Deus é *relacional*. Deus tem relacionamentos em si mesmo, consequentemente, somente o cristianismo pode declarar que Deus é amor, e de fato é a única religião a fazê-lo, pois não é possível haver amor em uma pessoa solitária. Amor é relacionamento e o Alá do islamismo não se relaciona. Ele não pode ser amor. Jamais se afirma que ele é amor. Ele não pode ser pai porque são categóricos ao afirmar que Alá não tem filho. Está começando a perceber como a Trindade é preciosa para nós? É parte vital de toda a nossa fé. Deus é amor, sempre foi amor e sempre será amor. Quando não havia ser humano para amar, ele amou seu Filho, amou seu Espírito Santo, e eles retribuíram seu amor. A salvação está sendo convidada para esse amor familiar. Está sendo trazida como um filho adotivo para partilhar do amor que já existia na Trindade. Começa a perceber nisso algo maior do que apenas credos e argumentos? Isso é crucial. Graças a Deus pelos credos que preservaram a verdade para nós, pois se eles não tivessem sido escritos, poderíamos ter nos desviado tempos atrás. Deus é *o* Pai, *o* Filho e *o* Espírito Santo; não é três Deuses, mas um Deus e Pai de todos nós.

O próximo ponto que quero destacar é que Deus, ao nos criar à sua imagem, nos ofereceu o padrão para nossos relacionamentos uns com os outros, e se você me perguntar por que Deus criou os seres humanos, minha resposta é extremamente simples: ele já tinha um Filho e um Espírito para amar, e descobriu que amar era tão agradável e prazeroso que desejou uma família maior. Essa é a razão pela qual estamos aqui: para sermos essa família estendida. E não há outra razão para que você esteja aqui na terra. Vocês estão aqui para se tornarem filhas e filhos adotivos de Deus, parte de sua família de amor eterno. Entre os redimidos, portanto, a Trindade é o padrão para a forma como convivemos. Essa afirmação parece tão óbvia, mas foi por isso que Jesus orou. Jesus orou para que acreditássemos na doutrina dos apóstolos e orou para que pudéssemos ser um como ele é um com o Pai. A Trindade, portanto, torna-se o padrão para seu relacionamento com os outros crentes em sua igreja. Não é maravilhoso? Que a Trindade do amor seja visível na igreja. "Veja como esses cristãos amam uns aos outros." É assim que iremos persuadir o mundo a respeito da Trindade: demonstrando-a entre nós.

Consegue começar a perceber a importância da Trindade? O prazer que há nela? Em vez de arrepender-se por ter de acreditar na Trindade para ser cristão, você pode alegrar-se pelo fato de Deus ser uma Trindade e, portanto, oferecer um padrão prévio de como conviver com outros. Isso aplica-se a todas as coisas e a todas as pessoas. A intenção de Deus, ou seu plano, era convergir todas as coisas em Cristo, a fim de que pudéssemos conhecer a harmonia que ele já tem desde a eternidade. Ele simplesmente deseja que desfrutemos da mesma harmonia. Pode ser mais simples? É assim que podemos nos regozijar por termos um Deus tão maravilhoso, um Deus que é amor, que sempre *foi* amor, sempre *será* amor, um Deus que quis partilhar conosco esse amor e, acima de tudo, que deseja que o partilhemos uns com os outros na terra, que sejamos um exemplo da Trindade e possamos persuadir outros de que podem ser "um" no melhor sentido da palavra. Somente se vivermos em perfeita harmonia com nossos irmãos cristãos poderemos demonstrar a dinâmica da Trindade.

Adoramos a Trindade. Amamos a Trindade e, sim, Pai, amamos que tu sejas o que és; que tu sejas o grande *Eu sou*; somos gratos por nos mostrar que és uma Trindade, "três em um" e "um em três". Como te amamos, Senhor. Ajuda-nos a demonstrar isso aqui e a convencer outras pessoas de que tu és a Santa Trindade. Em nome de Jesus. Amém.

Creio que chegará o tempo em que deixaremos as perguntas para trás e diremos:

"Deus, tu és o que és, e não seria Deus se tu não fosses o que és, nós te louvamos e nos alegramos na Trindade. Amém".

SOBRE DAVID PAWSON

Conferencista e escritor com inabalável fidelidade às Sagradas Escrituras, David traz clareza e uma mensagem de urgência aos cristãos para que descubram tesouros escondidos da Palavra de Deus.

Nascido na Inglaterra em 1930, David iniciou sua carreira com formação em Agronomia pela Universidade de Durham. Quando Deus interveio e o chamou para que se tornasse Pastor, ele concluiu o Mestrado em Teologia pela Universidade de Cambridge, e, durante três anos, serviu como capelão na Força Aérea Real. Passou então a pastorear várias igrejas, entre elas o Centro Millmead, em Guildford, que se tornou um modelo para muitos líderes de igrejas do Reino Unido. Em 1979, o Senhor o conduziu a um ministério internacional. Atualmente, seu ministério itinerante é predominantemente para líderes de igrejas. David e sua esposa, Enid, moram hoje no condado de Hampshire, no Reino Unido.

Ao longo dos anos, ele escreveu um grande número de livros, publicações e notas diárias de leitura. Suas extensas e muito acessíveis análises dos livros da Bíblia foram gravadas e publicadas em "Unlocking the Bible" (A Chave para Entender a Bíblia). Milhões de cópias de seu material de ensino têm sido distribuídas em mais de 120 países, oferecendo sólido embasamento bíblico.

Ele é considerado o "pregador ocidental mais influente na China" graças à transmissão de sua bem-sucedida série "Unlocking the Bible" a todas as províncias da China, através da God TV. No Reino Unido, os ensinos de David são transmitidos com frequência pela Revelation TV.

Incontáveis fiéis em todo o mundo também se beneficiaram de sua generosa decisão, em 2011, de disponibilizar sua extensa biblioteca audiovisual, sem custo algum, em: **www.davidpawson.org**. Recentemente, todos os vídeos de David foram carregados em um canal específico em: **www.youtube.com**

VISITE NOSSO CANAL NO YOUTUBE
www.youtube.com/user/DavidPawsonMinistry

SÉRIE A BÍBLIA EXPLICA
VERDADES BÍBLICAS APRESENTADAS DE FORMA SIMPLES

Se você foi abençoado com a leitura deste livro, saiba que outros títulos da série estão disponíveis. Acesse **www.aBibliaexplica.com** e inscreva-se para baixar mais livros gratuitos.

A série A Bíblia Explica inclui:
A Fascinante História de Jesus
A Ressurreição: O ponto central do cristianismo
Como Estudar a Bíblia
A Unção e o Enchimento do Espírito Santo
O Batismo no Novo Testamento
Como Estudar um Livro da Bíblia: Judas
Os principais passos para se tornar um cristão
O que a Bíblia diz sobre: Dinheiro
O que a Bíblia diz sobre: Trabalho
Graça: Favor imerecido, Força irresistível ou Perdão incondicional?
Seguro para sempre? O que a Bíblia diz sobre: Salvação
O Fim dos Tempos
Três textos geralmente usados fora do contexto: Explicando a verdade e expondo o erro
A Trindade
A Verdade sobre o Natal

Você também pode adquirir cópias impressas em:
Amazon ou **www.thebookdepository.com**

A CHAVE PARA ENTENDER A BÍBLIA

Um panorama exclusivo do Antigo e do Novo Testamento, nas palavras de David Pawson – conferencista e escritor evangélico, reconhecido internacionalmente. "*A Chave para Entender a Bíblia*" elucida a palavra de Deus de maneira inovadora e poderosa. Em uma clara distinção aos tradicionais estudos e comentários bíblicos que tratam versículo por versículo, este livro apresenta a história épica do relacionamento entre Deus e seu povo, em Israel. A cultura, o contexto histórico e os personagens são apresentados e os ensinamentos são aplicados ao mundo contemporâneo. Oito volumes foram compilados nesta edição abrangente, compacta e fácil de usar, com tópicos que cobrem o Antigo e o Novo Testamento.

Do Antigo Testamento: As Instruções do Criador – Os Cinco Livros da Lei; Uma Terra e um Reino – Josué, Juízes, Rute e 1 e 2 Samuel, 1 e 2 Reis; Poemas de Louvor e Sabedoria – Salmos, Cântico dos cânticos, Provérbios, Eclesiastes, Jó; Declínio e Queda de um Império – Isaías, Jeremias e outros profetas; A Luta pela Sobrevivência – Crônicas e os profetas do exílio.

Do Novo Testamento: O Eixo da História – Mateus, Marcos, Lucas, João e Atos; O Décimo Terceiro Apóstolo – Paulo e suas cartas; Do Sofrimento à Glória – Apocalipse, Hebreus, as cartas de Tiago, Pedro e Judas.

Este livro é um best-seller internacional.

OUTROS MATERIAIS DE ENSINO
DE DAVID PAWSON

Para acessar a lista atualizada com os
títulos de David Pawson, visite:
www.davidpawsonbooks.com

Para comprar os materiais de ensino
de David Pawson, acesse a página:
www.davidpawson.com

www.ingramcontent.com/pod-product-compliance
Lightning Source LLC
Chambersburg PA
CBHW071038080526
44587CB00015B/2671